RÉFLEXIONS

SUR

L'ÉTAT POLITIQUE

DE LA FRANCE

PAR

L'ABBÉ P. ROGER.

PÉRIGUEUX

IMPRIMERIE CASSARD FRÈRES

1893

RÉFLEXIONS

SUR

L'ÉTAT POLITIQUE

DE LA FRANCE

PAR

L'ABBÉ P. ROGER.

PÉRIGUEUX

IMPRIMERIE CASSARD FRÈRES

—

1893

La lettre encyclique de Léon XIII « à tous les catholiques de France », publiée au mois de février 1892, a inauguré en France une politique qui de prime abord, il faut bien en convenir, a fait naître chez plusieurs et même chez beaucoup l'étonnement sinon l'inquiétude.

En dépit du résultat des élections du 20 août, dont nous ne voulons pas présentement rechercher la cause, cette impression première doit-elle persister ? Ne doit-elle pas plutôt faire place à un sentiment de profonde reconnaissance et de légitime admiration pour l'enseignement papal fort et lumineux comme la vérité et la justice auxquelles il emprunte toute son autorité ?

Est-il raisonnablement permis d'arguer d'un fait contre un principe ? A ce compte où serait la stabilité de la vérité ?

Qu'on veuille bien y réfléchir : De l'enseignement de Léon XIII dépend le salut de la France.

Depuis cent ans, Royauté, Empire, République, tout a été mêlé, brouillé ; c'est le dédale.

Ayons confiance ! Un moyen bien simple eut raison de l'antique labyrinthe ; ainsi doit triompher du dédale politique la parole simple tombée des lèvres de Celui qui gouverne l'Eglise du Christ, avec mission de protéger non seulement nos intérêts spirituels, mais encore nos intérêts de la terre ayant quelque affinité avec ces premiers.

Quiconque écoutera cette parole retrouvera sa route et cessera d'errer dans des chemins inextricables.

Qui donc voudrait nier que la parole de Léon XIII a attaqué, dans sa racine même, le mal dont nous souffrons, en mettant fin à l'équivoque, à la plus effroyable confusion, et en nous ramenant, non pas accidentellement mais par un principe indestructible de raison et de justice, à la condition indispensable pour la marche régulière et prospère de toute nation, je veux dire : l'unité politique. Résultat plus qu'inespéré, avec la division des partis ; résultat merveilleux à coup sûr, terreur de la Révolution, car il est infailliblement sa condamnation à mort.

De grâce, qu'on ne vienne pas nous parler de la vitalité des partis, présentement plus puissante que jamais !

Le principe posé est vrai et juste, les conséquences attendues suivront nécessairement. Ce principe régénérateur, trop longtemps resté dans l'oubli, est général et universel. Quoique venu à nous tout d'abord, il s'est hâté de franchir nos frontières pour aller porter à tous les peuples du monde, quelle que soit la forme de leur gouvernement, les garanties et les bienfaits qu'il nous assure.

Car, il faut bien le retenir, il convient d'égale façon aux Royautés, aux Républiques, aux Empires, et défend avec la même énergie et la même justice les uns et les autres contre les entreprises de leur mortel ennemi, c'est-à-dire la division.

Aussi, ils pourraient bien paraître offenser la justice ceux qui, peu enthousiasmés du merveilleux et providentiel enseignement de Léon XIII, voudraient attribuer à cet illustre et grand Pontife une tendance d'esprit particulière, et surtout, nous osons à peine le dire, prétendre que ce même Pontife qui nous a donné l'incomparable et céleste encyclique « *de conditione opificum* » a agi sans prudence et sans discernement. Dans l'espèce, si la bonne foi peut excuser l'injustice, incontestablement la plus grossière aberration ne laisse pas de subsister.

Un jour je discutais la parole nouvelle. Votre cœur vous emporte, me dit-on ! Mon cœur m'emporte, en effet, vers le grand Pontife, honneur et gloire de l'Eglise et de l'Humanité ; mais, en politique, le cœur n'a rien à voir ; (ici je ne parle pas d'une très louable fidélité à un régime préféré et aux représentants de ce régime). Voilà bien pourquoi je ne salue plus Léon XIII avec mon cœur qui lui est acquis, comme il l'était à Pie IX et comme il le sera à tous les vicaires de Jésus-Christ, mais avec ma raison jalouse, avant tout, de la vérité, tant au point de vue politique, économique, social que religieux, quoique à des degrés différents, cela va sans dire. Et c'est encore pourquoi, prenant la parole de Léon XIII, avec sa réelle autorité, je déclare ne pas partager l'exagération de ceux qui, par un faux zèle, par ignorance ou par passion calculée, veulent faire, dans l'espèce, de la parole du Chef de l'Eglise, une parole infaillible, obligeant les fidèles, sous peine de péché de révolte, à y conformer leur conduite.

A moins de me faire illusion et de mal interpréter, et dans ce cas, respectueux de l'autorité suprême, je retire mon interprétation. La parole de Léon XIII « aux catholiques de France », est un conseil et non un précepte, ou pour mieux dire, une direction, mais une direction tellement pleine de justice et de vérité, qu'elle s'impose à tout esprit sincère et droit.

Aussi bien, mettant de côté la question d'autorité de Celui qui a parlé (ce que j'aurais à considérer comme fort téméraire si mon sentiment s'y trouvait pour quelque chose), je veux simplement me servir de la raison pour examiner la politique de Léon XIII, et, au besoin, essayer de la justifier.

I

Si les vérités les plus simples n'étaient pas souvent les moins comprises, je pourrais me dispenser, au début de ce travail, de toucher à ce point, par trop élémentaire, savoir : « que toutes les formes de gouvernement conviennent à l'existence d'un peuple. »

Par une confusion, tenant bien plus du cœur que de l'esprit, plus d'un l'ont nié, et moi-même, jusqu'à la publication de la lettre encyclique du Souverain-Pontife, j'ai été de ce nombre.

Et pourtant, cette vérité ne s'impose-t-elle pas ? Personne ne voudra ne pas reconnaître que l'homme est destiné par sa nature à vivre en société; non seulement en société domes-tique, mais encore, et surtout plus généralement, en société civile. A défaut de raisons psycholo-giques, bien nombreuses cependant, l'état d'être permanent et universel de l'humanité ne saurait laisser le moindre doute à ce sujet. Or, qu'est-ce que la société civile ? sinon une aggrégation d'hommes entretenant des rapports, se prêtant mutuellement leurs forces, leur intelligence, leur industrie, pour fortifier et développer les forces, l'industrie, l'intelligence individuelles.

D'où il ressort que le but de la société est une amélioration de la condition des particuliers. Mais ce but, serait-il jamais atteint sans une règlementation des rapports qu'ont entr'eux les membres d'une société ? Car si chacun a des droits à exercer, chacun a des devoirs à remplir. Et qui donc pourra déterminer et régler ces droits et ces devoirs ? L'individu ? Mais qui ne voit le danger auquel serait exposée et n'échapperait certainement pas la société ! Par une disposition, hélas ! trop naturelle, ses droits, il les exagèrerait en raison de la diminution de ses devoirs. Une des premières assises de la société ferait défaut, la justice.

Toute société appelle donc nécessairement une autorité publique pour la défendre contre les tendances égoïstes et injustes de l'individu : autorité publique, nommée pouvoir, administrant, légiférant pour le bien et la sûreté de tous.

Mais ce pouvoir, tel que nous le connaissons, exercé par des hommes mandataires de leurs concitoyens, comment se constitue-t-il ?

Sans doute, il ne saurait être douteux pour personne que le pouvoir lui-même vient uniquement de Dieu. Fondateur de la société par l'inclination qu'il a mise au cœur de l'homme, Dieu est également l'auteur des éléments essentiels à l'existence des sociétés, parmi lesquels entre, en premier rang, le pouvoir.

D'autre part, on ne saurait nier que le pouvoir, dont Dieu est l'unique source, n'est jamais directement remis par Dieu lui-même à ceux qui doivent en être les dépositaires ; mais qu'il laisse cette opération aux soins et au choix de l'homme, ce qui constitue pour celui-ci une réelle prérogative d'élection.

Il arrivera bien parfois que les mandataires choisis seront indignes de détenir et d'exercer le pouvoir. C'est un accident regrettable, j'en conviens, mais rien qu'un accident, hâtons-nous de le dire, sans altération des droits des citoyens. La puissance élective, qui a créé des despotes, pouvait créer des mandataires justes et sages. Le gouvernement des premiers sera le châtiment de la société, celui des seconds aurait été sa récompense.

Or, le châtiment et la récompense viennent également de Dieu, non point par un acte direct de sa volonté, mais par une conséquence de la liberté de l'homme que Dieu respecte dans le bien comme dans le mal, sauf à l'homme d'en recueillir les fruits bons ou mauvais.

Aussi bien, a-t-on pu dire, avec juste raison, que les peuples ont le gouvernement qu'ils méritent.

Quel que soit donc le pouvoir, il remonte à Dieu, par son origine, et emprunte son caractère d'application à l'action élective des citoyens.

Que s'il revient, aux membres de la société, le droit de choisir des représentants, pour

exercer, au nom de Dieu, l'autorité qu'il a sur
nous tous, on ne saurait leur méconnaître cet
autre droit, conséquence absolue du premier,
d'étendre leur choix à plusieurs mandataires
ou de le restreindre à un seul. Or, c'est là précisément ce qui établit les différentes formes
de gouvernement.

Mais on le voit, toutes partent du même principe et sont consacrées par un élément commun :
le pouvoir.

II

La vérité que nous venons de rappeler est absolue. Aussi bien, en dehors de la question de préférence des régimes, sérieuse à plus d'un titre, j'en conviens, il n'est pas un homme loyal qui ne voudra pas y acquiescer pleinement.

Monarchistes, par tradition et plus encore par intérêt de la France, qui de nous, même le plus opiniâtre, s'est jamais refusé à reconnaître la supériorité d'une bonne République sur une mauvaise Monarchie ? Et d'autre part, les républicains n'auront aucune peine, je pense, à avouer qu'une bonne Monarchie est préférable à une mauvaise République.

Ces choses sont dictées par la saine raison. S'il pouvait se rencontrer des exceptions, la justice la plus vulgaire se ferait un devoir de les condamner et de les flétrir. D'où cette conclusion absolument rigoureuse, tirée de l'aveu même des différents partis : Que la forme républicaine et la forme monarchique sont l'une et l'autre acceptables.

Et pourtant ce principe, spéculativement admis, est loin de l'être en pratique. N'est-il pas vrai qu'aux yeux des monarchistes, la République apparaît comme un régime par trop défectueux, et comme non moins défectueux, apparaît, aux yeux des républicains, le régime de la Monarchie ?

D'où vient cette contradiction entre le principe et le fait ? Léon XIII nous en a signalé l'origine par cette distinction, aussi lumineuse que généralement oubliée, des régimes avec les représentants du régime, et pour employer ses propres termes : « des pouvoirs constitués avec la législation. » Toute l'erreur, en effet, et toutes les impressions chargées d'hostilité s'abreuvent à cette source de confusion.

Il faut pourtant être sincère. Personne ne voudra prétendre, je suppose, que la République et la Monarchie tirent leur bonté ou leur défaut d'elles-mêmes. Elles sont, l'une et l'autre, des êtres purement nominaux indiquant sous quelle forme s'exerce l'autorité.

République et Monarchie sont donc ce que les font ceux qui les représentent. Comme le bloc de marbre, passif par lui-même, devient vice ou vertu, bien ou mal, selon les personnages que le ciseau de l'artiste en a fait jaillir.

Ce n'est donc pas du titre nominal du pouvoir qu'il faut se préoccuper, mais plutôt, et surtout, des hommes qui l'incarnent.

Les partisans du régime républicain devront saluer avec respect la Monarchie de Charlemagne et de Saint-Louis ; et à la République de Robespierre ils devront réserver leur mépris, sinon leur indignation. Les partisans de la Monarchie donneront leur déférence à la République de Garcia Moréno et leur dédain sera assuré à la Monarchie de Néron et de Caligula.

Quiconque voudrait garder un autre sentiment serait, je le déclare, un mauvais citoyen, digne de toutes les défiances.

Sans tomber dans une erreur et une injustice politique, les monarchistes ne sauraient donc repousser, *à priori*, la République, pas plus qu'il n'appartient aux républicains de repousser, *à priori*, la Monarchie.

Aussi bien, qu'on se le dise. Si ceux qu'on est convenu d'appeler aujourd'hui conservateurs vont à la République, *ce n'est ni par défaillance, ni pour renier la Monarchie, mais uniquement par sentiment de justice et pour adhérer à un principe vrai.*

Le cas échéant, et par ces mêmes sentiments d'honnêteté et de bonne foi, les républicains, à leur tour, auraient à aller à la Monarchie, non moins acceptable que la République.

III

On l'a dit : « La perfection n'est pas de ce monde. » Vouloir la trouver dans les sociétés, comme dans les individus, c'est poursuivre une chimère, c'est commettre une injustice. Et telle est, pourtant, la passion des hommes dont les imperfections personnelles ne peuvent échapper, hélas ! aux yeux des plus aveugles, qu'ils réclament, presque toujours, des partis qu'ils combattent, la perfection absolue.

Les Monarchies pas plus que les Républiques et celles-ci pas plus que les premières, n'ont été et ne seront jamais parfaites. Les unes comme les autres devront subir l'état de défaut qui caractérise toutes choses ici-bas.

Pour rester dans la vérité et la justice, nos exigences ne sauraient donc se produire au-delà de la perfection relative, c'est-à-dire de cette perfection, faite du bien essentiel l'emportant sur le mal, avec le désir qui s'applique à développer le premier à mesure qu'il s'efforce de restreindre les limites du mal.

Si réclamer la perfection absolue constitue une exagération, entachée d'injustice, ne pas réclamer la perfection relative constituerait une faiblesse non moins contraire à l'équité.

Sans cette dernière, je le demande, que deviendrait le règne moral? Le fait se généralisant et tout espoir de réaction enlevé, l'humanité descendrait bien vite au niveau de la brute, que dis-je! bien au-dessous; et pour elle, un peu plus tard, ce serait infailliblement l'absolue décadence et la ruine totale. N'est-ce pas cette vérité qui a donné naissance à tous nos codes? Et l'arsenal des lois, a-t-il d'autre destination, en effet, que de tenir les citoyens dans la pratique du bien et l'éloignement du mal.

Que si dans l'individu, le bien ne devait pas l'emporter sur le mal, il serait bien inutile de torturer les citoyens en les jetant dans les cachots et parfois même sous le couperet de la guillotine.

Mais si la société a le droit de réclamer de ses membres ce que nous avons appelé « la perfection relative, » il revient, d'autre part, aux individus le droit de réclamer des gouvernements au moins cette même perfection et d'exiger d'eux que leurs institutions revêtent le caractère de la moralité.

Au point de vue de la société, et comme application de cette doctrine indiscutable, qu'en a-t-il été, en France, sous les divers régimes qui ont abrité son existence nationale?

Oui! qu'en a-t-il été jusqu'à présent? jusqu'à présent! Eh bien! disons-le sans crainte d'être démenti par tout homme juste et consciencieux, la Monarchie a eu généralement cette perfection relative. La République, au contraire, telle du moins qu'elle s'est présentée, ne l'a jamais eue. Est-il besoin d'apporter les preuves de cette dernière affirmation? Mais quelle est donc la perfection, pour aussi relative qu'on veuille la supposer, qui aurait jamais consenti à mettre hors la loi et à blesser dans leurs sentiments les plus intimes, les trois quarts, pour ne pas dire les quatre cinquièmes des citoyens qui, généralement, ne le cèdent à personne pour l'honnêteté et le sentiment patriotique?

Faut-il rappeler cette monstruosité, à peine croyable, dont on semble, pourtant, avoir fait la pierre angulaire de la République actuelle? Oui! cette monstruosité de repousser systématiquement toute proposition venue de la minorité, qui cependant a compté les Freppel, les de Mun et cent autres, tous hommes de grand savoir, de forte éloquence et par dessus tout d'un dévouement sans limite à la France, élus par le suffrage universel et personnifiant le sentiment presque général de la nation?

N'accumulons pas les preuves ; celles-ci suffisent largement.

Mais ces preuves, venant par centaines et par milliers, pourraient-elles nous autoriser à conclure que la République est radicalement incapable de produire la perfection exigible et,

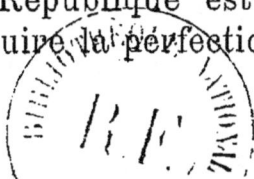

partant, doit être nécessairement rejetée ? Non !
car il faudrait préalablement avoir établi une
influence nécessairement vicieuse de la forme
sur les gouvernements.

Or, cette connexité n'existe pas ; nous défions
l'œil le moins impartial de jamais la découvrir.

IV

En dehors du fonctionnement, très différent, des deux régimes, et simplement au point de vue des institutions sociales, d'où vient donc qu'en France la République soit restée, jusqu'à présent, inférieure à la Monarchie et ait présenté ce caractère général de défauts et de passion qui semblerait la rendre inacceptable?

La vraie raison nous paraît être dans les conditions d'existence faites à l'une et à l'autre.

La République, en effet, n'a jamais encore trouvé l'appui donné à la Monarchie.

Par esprit de tradition et mieux, peut-être, par le tempérament même du pays, la Monarchie n'a cessé de réunir toutes les forces de la nation ; elle a ignoré constamment l'action dissolvante de la division des partis.

L'histoire est là, affirmant la cohésion des citoyens sous la Monarchie. A la fin de l'Empire, et malgré les fautes à lui reprochées, la France l'acclamait par 7,500,000 suffrages, c'est-à-dire, presque unanimement.

Et d'autre part, voyez la République divisée en deux camps! Malgré ses efforts et même ses progrès, n'a-t-elle pas, jusqu'à ces derniers temps, compté contre elle la moitié des citoyens ? « Renversez la cloison des fonctionnaires, disait un député publiciste, et nous sommes la majorité. »

Tels sont les faits : d'un côté, l'unité, de l'autre, la division.

Inconsciemment, je veux le croire, mais pourtant avec non moins de réalité, la République, jusqu'ici, a été forcée de n'être qu'un parti ; un parti ayant, pour vivre, à combattre un adversaire d'autant plus puissant qu'il a le prestige d'un brillant et glorieux passé, père même de la nation.

Faut-il s'étonner que, dans ces conditions, la République soit restée, en France, sans donner aux citoyens les biens recueillis sous la Monarchie ?

Car si l'unité est favorable aux sociétés, rien ne peut leur être plus funeste et plus désastreux que la division des partis.

L'entente, la cohésion des citoyens répondent généralement de la moralité des lois, du moins pour ce qui touche aux grands intérêts du pays. Et la raison en est dans le fond d'honnêteté et de sens droit dont les nations, comme les individus, sont pourvues ; honnêteté publique, qui fait toujours justice d'une législation aux tendances vicieuses. Car les notions du bien et du mal sont rebelles à l'arbitraire. Pour tous, en effet, le bien reste le bien et le mal reste le mal. Seul l'esprit de parti peut essayer de faire la confusion.

N'en avons-nous pas quotidiennement la

preuve ? Mis de côté l'esprit de parti, que d'idées communes ! Celles que la division semblait avoir rendues inextricables, deviennent simples. Combien d'hommes je connais qui, dans un colloque intime, n'ont aucune peine à se rendre à l'évidence et à flétrir telle institution, telle loi... C'est qu'alors leur esprit, dégagé de toute préoccupation de caste, suit la pente de l'honnêteté et de la droiture naturelles à l'homme.

Or, qu'arrive-t-il souvent, presque toujours ? Au moment de marquer leur sentiment et de donner au blâme son efficacité, ces mêmes hommes ne craignent pas de se déjuger en continuant leur confiance aux citoyens dont le programme revendique le maintien et l'application de ce qu'ils avaient flétri.

Et de quelle raison se servent-ils pour s'absoudre de cette étonnante contradiction ? *Le triomphe du parti !* Voilà bien, en réalité, la raison psychologique de cette monstruosité. Qu'on ne s'attende pas à autre chose : Pour se maintenir, un parti hésitera rarement à faire plier la conscience, à paralyser l'honnêteté publique et à créer ou à accepter les choses les moins acceptables.

Voudrait-on, dès lors, demander à la République, mise essentiellement dans les conditions de parti, d'avoir échappé aux défaillances inhérentes aux partis ? Mais oublie-t-on que les choses ont leur logique ? C'est même à cette logique que nous empruntons l'assurance que l'unité faite sous n'importe quelle forme de gouvernement, les institutions auront à subir la force de l'esprit public, qui, sauf des exceptions momentanées, prend ses inspirations dans la vérité et la justice, éléments de la moralité. Que de lois, en effet, que de réformes, jugées raisonnables et utiles, seraient faites dans l'unité et qui ne le seront jamais dans la division !

V

Depuis cent ans, on en conviendra, la France n'a plus rien de régulier dans sa marche. Evidemment il ne saurait être ici question des évènements de politique extérieure qui ont rempli sa vie. Revers ou prospérités, qu'importe ! Les uns et les autres restent identiques pour les nations comme pour les individus. Quelquefois même de l'épreuve ressort plus d'honneur que du succès.

De ce côté donc, réclamer pour un pays une succession d'évènement sans brisure et sans disparité c'est tomber dans la plus grossière utopie.

Il n'en saurait être de même, s'il s'agit de la continuité, de la permanence de sa constitution ; car les bases de toute société bien organisée doivent être immuables.

Eh ! bien, depuis un siècle, c'est dans ses fondements mêmes que la France se trouve atteinte. D'où ce désordre et ce trouble répandus dans son organisme, qui la mettent perpétuellement à la merci de toutes les révolutions.

Et quelle est donc la cause de ce profond et désastreux ébranlement ? Est-il besoin de le dire : *La France n'a plus d'unité politique* : Telle est la vraie cause.

Lui rendre cette unité disparue ne serait-ce pas lui rendre sa stabilité et sa marche régulière ?

Et que faudrait-il pour cela ? La faire revenir d'une erreur grossière reposant sur une idée de principe et de parti. Elle a cru ou on lui a fait croire qu'un principe devait donner naissance à un parti. Rien de plus faux assurément, quand un principe n'est pas la négation ou l'affirmation de ce qu'un autre principe nie ou affirme.

La République est-elle la négation de la monarchie ? Et la monarchie est-elle la négation de la République ? Insensé qui voudrait le prétendre ! République et monarchie reposent l'une et l'autre sur un même principe vrai. Dès lors, pourquoi dire : le parti républicain, le parti monarchique ? Disons plutôt : partisans de la République, partisans de la monarchie ; et au lieu de la passion brutale et aveugle, nous aurons la passion digne et raisonnable. N'est-ce pas là le sens des paroles de Léon XIII ? « Dans cet ordre d'idées, dit-il, tout citoyen a pleine liberté de préférer une forme de gouvernement à l'autre. » Y a-t-il contradiction pour le citoyen à se dire à la fois républicain et monarchiste ? Pas la moindre, à mon sens. La parole de Léon XIII, pressant les monarchistes

à adhérer à la République, aurait dû suffire à le
faire comprendre ; car, on voudra bien l'ac-
corder, elle n'est point faite pour pousser à une
erreur dont le plus vulgaire intellect pourrait
avoir raison. Oui, bien : sans contradiction
aucune, le même individu peut se dire sérieuse-
ment républicain et monarchiste. Il a fallu un
effort très puissant de la confusion pour dévoyer
l'esprit humain de façon à l'amener à ne pas
admettre cette vérité grosse de simplicité.

Et pourquoi, en effet, n'être pas républicain
avec la République, impérialiste avec l'Empire,
royaliste avec la Royauté? Ne gardons-nous
pas essentiellement l'unité et partant, n'échap-
pons-nous pas à toute contradiction en nous
rattachant aux différents régimes dont le fon-
dement est pour tous le même, c'est-à-dire le
pouvoir? Admettre et nier, en même temps, la
nécessité du pouvoir, là serait, par exemple,
une flagrante contradiction. Mais pour admettre
le principe républicain, on ne nie pas le principe
monarchique ; pas plus qu'on ne nie le principe
républicain pour admettre le principe monarchique. L'un et l'autre sont vrais, car l'élément essentiel à toute société les consacre également.

Désormais donc, et tel est le résultat de la
politique papale, il ne peut y avoir *en France
que des français*. Républicains par justice et
vérité, comment attaquer la République ?
Monarchistes par justice et vérité, comment
attaquer la Monarchie ?

*Seule l'action du gouvernement restera sou-
mise à la critique. Qu'une législation mauvaise*

émane du pouvoir royaliste, impérialiste, républicain, nous la réprouverons, nous la combat-
trons. En retour, nous applaudirons à l'action
réellement sociale et française de quelque côté
qu'elle se produise.

VI

Il n'est pas facile, il faut bien le reconnaître, de briser subitement, même en politique, avec un ordre d'idées vrai, connu et aimé, quand surtout à cet ordre d'idées semble se rattacher un point d'honneur.

Cette dernière considération n'est pas le moindre motif de l'hésitation que la France met à accepter l'enseignement de Léon XIII.

Abandonner ce que l'on a toujours défendu; aller à ce qu'on n'a cessé de combattre, n'est-ce pas la plus honteuse des apostasies ?

Ce raisonnement résume, je crois, du moins apparemment, toutes les impressions de l'opposition présente.

En dehors de l'intérêt caché et plus généralement, si l'on veut, du manque de réflexion, chacun enveloppe son refus du sentiment de la fidélité.

Combien d'hommes, en effet, d'une bonne foi parfaite et dont l'esprit ouvert a reçu toute la projection de lumière dégagée de l'enseignement papal, sont restés et restent irréductibles sous cette idée dominatrice ! Ils ne combattront pas la politique nouvelle ; elle est vraie, elle est juste...; mais ils ont un passé qu'ils ne peuvent répudier !

Il faudrait pourtant laisser aux choses leur physionomie et ne pas les dénaturer par une trop complaisante interprétation !

Qu'on y prenne garde : très facilement on peut se faire illusion sur l'idée de fidélité. Et tel, qui s'honore de ce sentiment, n'obéit souvent qu'à un sentiment ou d'intérêt, ou de passion aveugle, ou même de respect humain. La fidélité, on en conviendra, doit être avant tout raisonnable; et de même que la témérité n'est pas le vrai courage, de même l'obstination n'est pas la vraie fidélité. Quoiqu'il s'en fît gloire, était-il réellement fidèle à la grande et belle cause du pays, l'homme qui, en 70, fit la guerre à outrance, en présence d'un ennemi fort de ses premiers succès, admirablement armé et discipliné, quand nous n'avions à opposer que des soldats, de grand dévouement, sans doute, mais inexpérimentés et mal armés. Les adversaires de cette trop douloureuse équipée, qui ne le cédaient en rien, assurément, au patriotisme du grand patriote, donnaient, dans leur protestation, la véritable fidélité à la France.

Elle n'est plus vraie ni aucunement glorieuse la fidélité qui compromet les intérêts du pays, car elle cesse d'être raisonnable.

Abstraction faite des intentions que nous ne voulons pas suspecter, n'en est-il pas ainsi de la fidélité des républicains à la République et des monarchistes à la Monarchie !

Est-il chose moins raisonnable, en effet, que ces fidélités qui jettent la France dans la plus effroyable division et la mettent dans un péril réel, en créant de véritables partis !

Que veulent les monarchistes? Le gouvernement de la Monarchie. Et les républicains? Le gouvernement de la République. Mais comme ces deux gouvernements, vrais l'un et l'autre en principe, ne peuvent fonctionner simultanément, c'est donc la lutte permanente et avec elle, qui pourrait en douter, l'affaiblissement sinon la mort de la nation.

Je le demande à tout homme de bonne foi; que s'il se présente un terrain commun où ces différentes fidélités peuvent se produire sans choc et même se confondre, refuser d'y marcher, n'est-ce pas contribuer au mal que nous signalons?

Eh! bien, ce terrain existe, c'est le pays lui-même, dont les intérêts, supérieurs à ceux des partis, réclament la fidélité de tous. Les gouvernements peuvent changer; le pays ne change pas. Aussi bien, lui appartenons-nous avant d'appartenir à un gouvernement. Sous la Monarchie comme sous la République et sous celle-ci comme sous la première, nous sommes avant tout Français.

D'autre part, une autorité publique étant indispensable à toute société, *nous ne saurions être fidèles au pays sans être fidèles au gouvernement existant.*

Est-ce à dire qu'on ne puisse souhaiter pour son pays telle forme plutôt que telle autre? Qui voudrait le prétendre : mais ici la fidélité n'est plus qu'un désir, très légitime, du reste, répondant à l'idée de Léon XIII quand il dit : « garder ses préférences; » désir qui ne nous fait pas méconnaître les pouvoirs constitués, pas plus qu'il nous porte à les combattre.

La France présentement en République, nous lui restons fidèles avec la République ; et demain, par suite d'évènements qui ramèneraient la Monarchie, nous lui serions fidèles avec la Monarchie.

Nous ne subordonnons pas la France aux gouvernements ; mais, plutôt, nous subordonnons les gouvernements à la France.

Voilà, croyons-nous, la sage, glorieuse et raisonnable fidélité. Le royal et magnanime exilé de Frosdorff lui donnait-il un autre caractère quand il disait : « La parole est à la France et l'heure est à Dieu. »

VII

Je ne sais pourquoi la distinction si lumineuse et si vraie de Léon XIII entre « la législation et les pouvoirs constitués » trouve tant de difficulté à pénétrer certaines intelligences. On s'obstine à vouloir confondre la législation avec le régime, comme s'il y avait dépendance nécessaire de l'un à l'autre. De là, pour beaucoup un nouveau motif d'hésitation à accepter la politique soi-disant nouvelle, quoique aussi ancienne que le monde, comme tout principe vrai.

Comment adhérer à la République, disent-ils, quand ses lois sont l'expression de la plus odieuse tyrannie ? Nous le voudrions que l'honnêteté la plus vulgaire nous l'interdirait.

Dès lors, on n'accepte pas la République parce que sa législation est détestable. Mais, je le demande, le même raisonnement n'est-il pas applicable à la Monarchie ? Il faudrait donc ne pas plus accepter la Monarchie, s'il venait à se produire sous son gouvernement une législation tyrannique ? Qui, de bonne foi, pourrait croire que de la législation dépend le principe de la Monarchie et de la République ?

La bonté ou la perversité des lois relèvent des hommes qui détiennent le pouvoir et nullement de la forme des gouvernements. C'est là une vérité de la dernière évidence. Et quand Léon XIII invite les catholiques de France à adhérer au gouvernement de la République, peut-on supposer un seul instant qu'il ait voulu nous pousser à accepter une législation vicieuse et nous soustraire ainsi à un devoir absolument rigoureux, celui de combattre sans trêve ni merci toute loi mauvaise.

Monarchistes opiniâtres et irréductibles, accepterions-nous les lois, entachées de tyrannie, d'un roi, d'un empereur ? Nos protestations s'élèveraient assurément et notre action s'efforcerait d'amener à récipiscence le monarque. Mais ferions-nous retomber sur le régime lui-même les défauts de la législation ? Evidemment non ! Et pourquoi ? Parce que, une fois encore, la forme des régimes n'est pour rien dans les actes des gouvernements.

Très justement nous pouvons détester et conbattre telle Monarchie, telle République, à cause de la législation, blessant les intérêts de la nation ; mais il serait injuste de détester et de combattre la Monarchie, la République. Sans grand effort de réflexion, on comprendra qu'une monarchie n'est pas la Monarchie, qu'une république n'est pas la République.

Ne peut-il pas même arriver, observation très judicieuse de Léon XIII à laquelle personne ne saurait contredire, que « *sous le régime dont la forme est la plus excellente, la législation peut être détestable ; tandis qu'à l'opposé, sous le régime dont la forme est la plus imparfaite peut se rencontrer une excellente législation.* »

N'est-il pas vrai qu'en France, avec les mêmes pouvoirs politiques, la législation pourrait être toute différente ? Et est-ce une utopie d'imaginer une République consacrant et défendant par sa législation les éléments du bien ; et, pour ne parler que du plus important, une République où Dieu ne serait pas considéré comme un être négligeable, où la Religion ne serait pas méprisée et humiliée, les princes de l'Eglise traités comme les derniers des citoyens, les religieux proscrits, les prêtres baillonnés et diminués, les lévites arrachés à leur sainte formation pour être jetés au milieu de la vie de caserne, l'enfance privée de l'exemple et de l'autorité de ses maîtres pour le plus essentiel des devoirs, la pratique de la Religion.....

Que si le régime de la République peut permettre la réalisation de cette conception, ce qu'on ne saurait raisonnablement nier, comment, dès lors, le rendre *nécessairement* responsable d'une mauvaise législation ?

La logique ferait totalement défaut.

N'est-il pas à craindre plutôt que cette connexité voulue entre la législation et les pouvoirs publics ne fasse le jeu des faux amis de la France, trop heureux d'infirmer notre salutaire action en nous tenant à la porte de la République ? Leur langage, du reste, est-il différent ? Pour eux, en effet, telle législation doit être inséparable de la République, en sorte qu'à cette législation se trouverait nécessairement liée l'existence de la République. Et quelle législation ! Celle-là même qui nous fait bondir d'indignation et que l'ex-leader de la gauche radicale a pris soin de nous signaler. *Nul*, dit-il, *ne peut être républicain, s'il n'accepte le bloc fait des conquêtes de la Révolution.*

Eh ! bien, ces hommes se trompent étrangement ; la République n'est pas une doctrine et surtout leur doctrine.

S'il en était ainsi, et si la France ne comptait que des citoyens éclairés, il n'y aurait certainement pas, dans la noble nation française, un seul républicain. A ces cyniques sectaires nous crions : Vous n'êtes pas des républicains, vous êtes des révolutionnaires.

Dieu merci, la République peut exister sans le bloc, et voilà pourquoi nous y adhérons sincèrement et sans arrière-pensée. Nous y adhérons encore, précisément parce que nous ne voulons pas de ce bloc, et que, bien décidés à le détruire, notre œuvre ne peut s'accomplir si nous n'entrons dans la République qui n'est pas, je suppose, la propriété exclusive des révolutionnaires.

Oui ! il pèsera bien peu ce bloc, le jour où tous les français honnêtes et passionnés de l'intérêt public, abdiquant l'erreur signalée par Léon XIII, iront sincèrement au gouvernement existant de la France et referont ainsi l'unité politique, hélas ! trop longtemps absente !

Périgueux. — Impr. CASSARD frères, rue Denfert-Rochereau, 3.

www.ingramcontent.com/pod-product-compliance
Lightning Source LLC
Chambersburg PA
CBHW060807280326
41934CB00010B/2598